LES FÊTES PARISIENNES

COMEDIE,

EN UN ACTE, EN VERS,

Mêlée de Chants & de Danses :

À L'OCCASION DE LA NAISSANCE

DE MONSEIGNEUR

LE COMTE DE PROVENCE.

Par M. DE CHEVRIER.

Représentée pour la premiere fois par les Comédiens Italiens ordinaires du Roi, le Samedi 29. Novembre 1755.

Le prix est de 24 sols.

A PARIS,

Chez DUCHESNE, Libraire, rue S. Jacques, au-dessous de la Fontaine S. Benoît, au Temple du Goût.

M. DCC. LVI.

Avec Approbation & Privilége du Roi.

ACTEURS.

M. GERONTE, homme singulier, d'ailleurs bon Citoyen. *M. de Hesse.*

M.^{de} DE PRÉSEC. *Mlle Silvia.*

JULIE, fille de M. Geronte, déguisée en Paysanne Provençale. *Mlle Catinon.*

DORNAL, jeune Avocat, neveu de Madame de Présec. *M. Balecti.*

LUCAS, Concierge de la maison de Campagne de M. Geronte. *M. Chanville.*

TOINETTE, femme de Lucas. *Madame Favart.*

M. DE LA CHINE, Décorateur sous un habit Chinois, & sous le masque d'Arlequin. *M. Carlin,* & depuis son indisposition, *le jeune Vicentini.*

Une foule de jeunes gens déguisés en Provençaux, avec des tambourins & des flageolets.

La Scène est à Paris, près de la Place que la Nation a destinée à la gloire de Louis le Bien-aimé.

LES FÊTES PARISIENNES,
COMEDIE.

SCENE PREMIERE.

On ouvre par une Symphonie fort gaie, à peine est-elle finie, qu'on entend des cris répétés de Vive le Roi.

LUCAS, TOINETTE.

LUCAS, *sortant de la coulisse tenant un petit broc à la main.*

Arguienne itou, je veux en être moi,
Et quoique Paysan, j'ons de la connoissance,
Je sçavons comme vous chanter, *Vive le Roi,*

A ij

LES FESTES PARISIENNES,
TOINETTE.

Par ma fine, ces cris font ceux de note enfance :
Nous les recommander font des foins fuparflus :
J'apportons en naiffant l'amour pour note Maître,
 Et je l'aimons mille fois plus,
 Quand je venons à le connoître.

LUCAS.

Allons, buvons encor.

TOINETTE.

    Lucas, prends garde à toi ;
Je vois déja que tu chancelles.

LUCAS, *buvant dans le Broc.*

Je vais m'en bâiller de plus belles :
On ne s'enyvre pas, dès qu'on boit pour fon Roi,

TOINETTE.

Stapandant il faudroit que ces bonnes nouvelles
Fuffiont déja cheux nous.

LUCAS.

Etre à Paris eft un plaifir bien doux,
Sans qu'il en coute, on boit, on mange, on fe gauberge;
Et chaque Place eft une bonne Auberge,

COMÉDIE.
TOINETTE.

Ces Meſſieux de la Ville avont l'cœur généreux,

LUCAS.

En nous faiſant manger, ils travaillont pour eux.
Tous pleins de vin, de joye & de bombance,
J'irons chanter partout cette magnificence.

TOINETTE.

Je veux ſçavoir, avant de gagner le canton,
Comment on doit nommer l'Prince qui vient de naître.

LUCAS.

Que m'importe ſon nom?
Il eſt du ſang de note Maître,
Il ne peut manquer d'être bon.

TOINETTE.

Monſieux Géronte ici pourroit bien nous le dire;
Car enfin je ſis femme, & je veux tout ſçavoir.

LUCAS.

En s'éveillant Mons Géronte va rire,

TOINETTE.

Rire, dis-tu, Lucas? il penſe toujours noir:
Il devoit marier Maneſelle Julie,

A iij

A ce Monsieu Dornal, cet homme de Palais,
Qui sent le musc, toujours crie,
Parle beaucoup & ne plaide jamais :
Tout étoit prêt, mais la gaité du gendre
En effrayant l'himeur de note vieux Bourgeois,
Biantôt le force à tout suspendre ;
Drès qu'on se réjouit, note homme est aux abois :
Son grand plaisir est la tristesse,
De li l'on obtiant tout, aussitôt qu'on gémit :
Bouder, gronder, le remplit d'allégresse,
Mais il bâille à l'instant qu'on rit.

LUCAS.

Stapandant il aime sou Prince,
Autant qu'un gros Seigneur, il me souviant, jarni,
Du biau feu qu'il donna pour le Duc de Berri.
Quelle Fête ! morguienne : oh ça ! n'étoit pas mince.

TOINETTE.

Il est vrai que ce jour il fut assez joyeux :
Des Dames de Paris faisiont des cabrioles,
Avec de biaux Danseux ;
Et les pétards volioint tout comme des paroles.

LUCAS *à Toinette, qui regarde la maison de M. Géronte.*

Que regardes-tu là ?

COMEDIE.
TOINETTE.
Par ma fi, de le voir
Je fis impatiente.
LUCAS.
A Paris, comme aux champs, il dort jusques au soir.

SCENE II.

TOINETTE, LUCAS, M. GERONTE.

M. GERONTE.

Quel train ! quel bruit ! quelle épouvant
Un Poëte que j'aime a dit dans ses éc i,
Est-ce donc pour veiller qu'on se couche à Paris ?
Quoi ! vous autres ici, que voulez-vous me dire ?

TOINETTE.

Oh ! sauf vote respect, Monsieu, je voulons rire.

M. GERONTE.

C'est bien choisir son tems : ah ! réforme ce ton ;
Mais, Lucas, conçois-tu cette insolence extrême ?

LUCAS.

Pour prendre du plaisir j'avons note raison,
Et si vous sçaviez tout, vous ririez tout de même.

M. GERONTE.

Qui ? moi ! je pourois rire ! oh ! je jure que non.

COMÉDIE.

Rien ne pourra changer mon caractere :
Je l'ai trop éprouvé ; la joye est un poison,
Et le plaisir une chimere.

TOINETTE.

Parmettez que je chante un couplet de chanson,
Qui chassera bientôt vote himeur abilaire.

M. GERONTE.

Mais, Lucas, dis-moi donc, elle a perdu l'esprit.
Quoi ! manquer à ce point de respect à son maître !

LUCAS.

Alle ne manque pas ; c'est Lucas qui le dit,
Et qui par fois sçait s'y connoître :
Mais, malgré votre himeur, & votre air interdit,
Sçachez que ce matin, sans trop nous faire attendre,
Notre bonne Daufeine.... ah ! vous riez déja...

M. GERONTE.

Oui, Lucas, le plaisir m'inspire à ce nom-là.

SCENE III.

LES ACTEURS PRÉCÉDENS, DORNAL.

DORNAL.

A Nos desirs ardens le Ciel vient de se rendre :
J'en crois plus mes transports que le bruit du
    canon :
    Tout comble les vœux de la France,
Et nous avons un Comte de Provence,
Que déja tout Paris célébre à l'unisson.

M. GERONTE.

Dornal, j'en tiens de toi la premiere nouvelle ;
    Quoiqu'Avocat, & partant grand parleur,
Je sçaurai dans ce jour reconnoître ton zéle,
    En faisant ton bonheur.

TOINETTE.

Il faut aussi queuque chose à Toinette :
    Qu'allez-vous me bâiller à moi?

COMÉDIE.
M. GERONTE.

Je veux sçavoir ce que Lucas souhaite,

LUCAS.

Rian, je sommes payés, quand je parlons du Roi.

DORNAL.

On trouve de l'esprit jusque dans ces *Espéces.*

LUCAS.

J'en avons tout autant que beaucoup d'Avocats,
Et j'y charchons moins de finesses.

TOINETTE.

Dès qu'on chante un bon Roi, qui diantre n'en a pas ?
Tians, moi qui ne sis qu'une femme,
Tout à part moi j'ons fait un couplet de chanson,
Et qui vaut bien, Trédame,
Tous ceux qui sont moulés sans rime ni raison.

M. GERONTE.

Oh ! je prétens l'entendre : allons, chantons-le donc.

TOINETTE.

Quand je parlons le langage de l'ame,
Je n'y boutons point de façon :
Chut.   (*Elle chante.*)
Que le canon gronde,

LES FESTES PARISIENNES,

  Deux Princes & ſtici font trois :
Voilà des Rois pour tout le Monde.
  Que chacun élevant ſa voix
  Chante à l'envi note Daufeine,
  Loin des grands mots & de l'eſprit,
  Pour la louer note cœur nous entraîne,
  Et je répetons ce qu'il dit.

  Morgué, que le canon gronde,
  Deux Princes & ſtici font trois :
  Voilà des Rois pour tout le Monde.

M. GERONTE.

L'idée eſt aſſez bonne, & je veux que ce ſoir,
Tu reſtes à Paris pour embellir la fête.

TOINETTE.

Oh ! ſans trop me preſſer je ferai mon devoir.

LUCAS.

Quand Toinette s'y boute, alle n'eſt pas trop bête.

M. GERONTE.

Allez vous repoſer tous deux.

LUCAS.

On ne fatigue guere, alors qu'on eſt joyeux :
Stapendant m'eſt avis que note importunance,

COMÉDIE.

Sus vot respect, & stila de Monsieu,
    Pouvant dans cette circonstance
    Nous rendre un tantet ennuyeux,
    Je voulons bian, par prévoyance,
    Prévoir que, si l'occasion
Occasionnant parci, parlà note espérance,
Je pourrions tous les deux avec plus de raison.
Mais vous sçaurez le tout tantôt à la maison.

SCENE IV.

M. GERONTE, DORNAL.

DORNAL.

Je ne vous presse point de m'accorder Julie :
Mais vous m'avez promis ...

M. GERONTE.

Je suis homme d'honneur :
Avec ma fille en ce jour je vous lie :
Mais j'exige avant tout, (& c'est pour vous, Monsieur,)
Que vous meniez un autre train de vie.

DORNAL.

L'indolence est mon élément,
Et sur ce point je vous imite.

M. GERONTE.

Sçais-tu, Monsieur Dornal...

DORNAL.

Point d'humeur ; je suis franc
Et c'est-là mon premier mérite.

Vous aimez le repos, & je suis fainéant :
A rester oisif tout m'invite.
Dans le monde je vois une foule de gens,
Qui, dévoués tout entiers à l'étude,
A servir la Patrie employent tout le tems,
Moi, je vis sans inquiétude,
Pour avoir le plaisir de mourir sans talens.

M. GERONTE.

En ce cas, mon garçon, il n'est plus d'alliance ;
En épousant ma fille, il te faut un état :
Auquel donner la préférence ?

DORNAL.

Mais j'ai l'honneur d'être Avocat.

M. GERONTE.

Parbleu ! la belle avance !
Ce métier-là n'est pas d'un brillant entretien ;
L'estime du Public en est la récompense,
Je le suivis jadis, & j'y mangeai mon bien.
Va, crois-moi, c'est l'aisance
Qui de se distinguer nous fournit le moyen,
L'honnête-homme dans l'opulence
Fut de tout tems le meilleur Citoyen.

DORNAL.

Mais quel parti choisir par ma foi, plus j'y pense,

LES FESTES PARISIENNES,

Et plus sur cet objet je me vois en balance.
Le Militaire altier détruit ses ennemis,
    Le Médecin plus méthodique
    En fait autant à ses amis :
      L'Orateur emphatique
    Voit ses Auditeurs endormis,
L'homme à talent, jouet de la Critique,
    Est denigré d'un tas de Sots,
    Dont le courroux épidémique
    Ne vit qu'aux dépens des bons mots :
Le Commerçant déroge à la Noblesse :
L'homme de Cour sans affaire occupé,
A se masquer met toute son adresse,
  Et se voit tous les jours dupé.
Le choix m'embarassant, je me fais un systême :
Exempt d'ambition, sans état, sans devoir,
    J'aime à rester toujours le même,
Me levant le matin pour me coucher le soir.

M. GERONTE.

Au conseil, au combat, ou bien dans la Province,
    Tout François doit servir son Prince.
Eh ! mon pauvre Dornal, quelle est donc ton erreur,
De vouloir démentir ton sang & ta Patrie !
Peux-tu rester oisif, quand pour notre bonheur
On a vû trente fois notre Roi plein d'ardeur
    Pour ses Sujets risquer sa vie ?

COMÉDIE.
DORNAL.

Cette époque cent fois a remué mon cœur.
Pour remplir vos defirs, & mériter Julie,
Aux champs de Mars je veux fervir mon Roi.

M. GERONTE.

Un tel projet te rend digne de moi.

DORNAL.

Mais fi Julie à vos defirs rebelle
Balançoit mon deffein....

M. GERONTE.

Ma fille aime l'honneur;
Et le Séxe François plein d'amour & de zéle,
Ne couronna jamais que la valeur.

DORNAL.

Ah! c'en eft trop: vous fubjuguez mon ame.
Las de l'oifiveté, je l'abjure aujourd'hui,
Fidéle à mon Pays, à mon Prince, à ma flamme,
Géronte me verra bientôt digne de lui.

M. GERONTE.

Tu m'enchantes, mon cher; je veux, fans plus attendre,

LES FESTES PARISIENNES,

Que dans ces jours consacrés aux plaisirs,
Mon ami devienne mon gendre.

DORNAL.

Ce mot comble tous mes desirs,
Et je vais de ce pas en prévenir Julie.
Adieu.

SCENE V.

M. GERONTE, M. DE LA CHINE.

M. GERONTE *voulant sortir.*

Que vois-je ! ô Ciel ! quel est cet homme-là !

M. DE LA CHINE.

Ah ! de grace, arrêtez un moment, je vous prie :
Rien n'est plus heureux que cela ;
Je vous cherchois, & vous voilà :
Autant qu'il m'en souvient, on vous nomme Geronte,
Honnête-homme à l'excès & fort bon Citoyen,
Aimant beaucoup son Prince, & c'est sur quoi je compte :
Je veux vous ruiner, Monsieur, pour votre bien.

M. GERONTE.

Dites-moi donc où tend ce verbiage.

M. DE LA CHINE.

Verbiage, Monsieur ! me connoissez-vous donc ?

M. GERONTE.

Je n'ai pas cet honneur,

LES FESTES PARISIENNES,
M. DE LA CHINE.

     Ma foi, c'est grand dommage,
Vous me respecterez, quand vous sçaurez mon nom.
A vos amusemens ce soir je me destine ;
Et vous voyez en moi ce Monsieur de la Chine,
Peintre, Décorateur, Musicien, Acteur,
Artificier, Poëte, & comme eux grand parleur.

M. GERONTE, *à demi-voix.*

C'est un Chinois.

M. DE LA CHINE.

 Je dois le jour à l'Italie :
  Bergame est ma Patrie,
  Le vin mon élément,
  Et l'Univers mon appanage,
  Pour mettre à profit mon talent.
J'ai couru les deux mers, sans devenir plus sage,
Fatigué de servir & d'être mal vêtu :
 Plus mal nourri ; mais d'ailleurs bien battu,
Certaine nuit tandis que l'équipage
 Se reposoit, fatigué d'avoir bû,
  Je sçus m'esquiver à la nage,
Et vins en cette Ville où je fus bien reçû.
  Du sort je ne crains plus l'outrage,
En vain par des rivaux je me vois combattu ;

COMÉDIE.

A mes talents tout rend hommage :
L'Art d'enchanter est ma vertu,
Et la magie est mon ouvrage.

M. GERONTE.

Quel est votre métier, & d'où vient cet habit ?

M. DE LA CHINE.

Décorateur ; je crois vous l'avoir dit :
A l'égard de l'habit, vous connoissez l'usage :
Sur l'esprit des François l'étranger a des droits ;
Pour attirer les yeux & plaire davantage,
Ne pouvant être Turc, je me suis fait Chinois.

M. GERONTE.

Avez-vous l'art d'ordonner une fête ?

M. DE LA CHINE.

Ah ! cette question offense mon talent ;
Et j'ai maintenant dans la tête,
Un dessein... quel dessein !... vous en serez content ;
Excusez, avant tout, un propos malhonnête :
Mais dites-moi, Monsieur, avez-vous de l'argent ?

M. GERONTE.

La plaisante remarque !
Le François n'en manqua jamais,
Lorsque de sa patrie il chante les succès.

LES FESTES PARISIENNES,

Prodiguer son argent pour fêter son Monarque,
C'est s'enrichir de ses bienfaits.

M. DE LA CHINE.

Dans un instant un coup d'œil admirable,
A l'endroit où je suis, doit étonner vos yeux.
Sans employer le secours de la fable,
Je reviens embellir ces lieux.

(Il sort.)

M. GERONTE *seul.*

Et moi de mon côté, sans plus me faire attendre,
Je sors pour préparer le destin de mon gendre.
Je veux dans ce moment si sensible à nos vœux,
Que du bonheur public Dornal devienne heureux.

(Il sort.)

SCENE VI.

Madame DE PRÉSEC, DORNAL
*en habit galonné, & un chapeau à
plumet & à cocarde.*

Madame de PRÉSEC.

MOn cher neveu, vous êtes un volage:
Vous que je deſtinois au rang de Conſeiller,
Changer ſi bruſquement & prendre un étalage
Qui vons rend, mon ami, tout-à-fait ſingulier!
Mais, entre nous, cela n'eſt pas trop ſage.

DORNAL.

Eh! Madame, penſez que l'on doit à mon âge
Se faire un nom, prendre un état.

Madame DE PRÉSEC.

Avec votre ton aigre & votre verbiage,
Vous étiez fait, mon cher, pour reſter Avocat.

DORNAL.

La Robe a ſes attraits: mais tout cet équipage

LES FESTES PARISIENNES,

Vous annonce un jeune Officier.
Comment me trouvez-vous ?

Madame DE PRÉSEC.

On ne peut pas plus gauche.

DORNAL.

La chere tante ici veut un peu s'égayer ?

Madame DE PRÉSEC.

Sçachez que du bon ton vous n'avez pas l'ébauche.
Cette cocarde fent un peu la garnifon,
Et cet air trop altier offenfe la prudence,
Votre oncle commanda jadis un Efcadron :
Mais avec moi timide & plein de bienféance,
Quoiqu'il fût Houzard & Gafcon,
Il ne manqua jamais à la decence,
Sans ma permiffion.

DORNAL, *avec une fatuité gauche.*

Oh fur lui je veux prendre exemple,
Je gage que déja vous me trouvez bien mieux,
Un peu d'attention.... que votre œil me contemple ?
Eh bien ? ne fuis-je pas un garçon merveilleux ?
Soyez de bonne foi, parlez, ma chére tante ?

Madame DE PRÉSEC.

Il faut extravaguer avec moins de raifon,

Et

COMEDIE.

Votre sang froid m'étonne & m'épouvante,
De tous nos jeunes gens saisissez mieux le ton,
   Lorgner sans voir, écouter sans entendre,
   Parler beaucoup, & penser rarement,
Au Théâtre sur-tout, sur un gradin s'étendre,
   Juger la Piéce, & d'un ton important
De l'Actrice du jour faire tout haut l'éloge,
Et tout bas annoncer qu'on la connoît un peu,
Se lever brusquement, & gagner une loge,
Pour montrer au Parterre un diamant plein de feu,
Jouer l'Inquiet, tirer dix fois sa montre,
Sortir avec fracas avant le dénouement,
Et renverser tous ceux qu'on trouve à sa rencontre;
Voilà l'homme du jour, & le seul amusant.

DORNAL.

J'adopte vos conseils, & l'ardeur qui m'anime
   Va fixer sur moi tout Paris;
Graces à des travers que ma raison estime,
Je serai le premier de tous nos étourdis.

Madame DE PRÉSÈC.

Avec ces sentimens je vous aime à la rage,
   Et vous seriez mon héritier,
  Si dès ce soir un certain mariage...

B

DORNAL.

Quoi ! vous penſez...

Madame DE PRÉSEC.

A me remarier.
Rien de plus naturel, je ſuis d'un âge encore
A trouver quelqu'un qui m'adore,
On a certain mérite avec quelques appas,
Pour de l'eſprit, ſans orgueil on s'en pique ;
D'ailleurs ici qui n'en a pas ?
Mais le mien, je l'avouë, eſt un eſprit unique.

DORNAL.

Quoi ! la tante voudroit...

Madame DE PRÉSEC.

Que dans cet heureux jour
Un homme aimable vînt pour me parler d'amour?
Je l'épouſerois par ſyſtême :
Voici Monſieur Geronte, il eſt toujours le même.

DORNAL.

Vous laiſſer avec lui, c'eſt vous faire ma cour,
Adieu.

SCENE VII.

Madame DE PRÉSEC, M. GERONTE.

Madame DE PRÉSEC.

C'Eſt vous, ah! ma joye eſt ſuprême,
Monſieur Géronte, allons, de la vivacité,
Vous m'adorez, & je vous aime,
Ce jour eſt fait pour la gaîté,
Je vois bien à quel point votre amour eſt extrême,
Pour la troiſiéme fois je perds ma liberté,
Je vous épouſe.

M. GERONTE.

Allons, vous plaiſantez, Madame.
Ai-je donc l'air d'un Epouſeur?

Madame DE PRÉSEC.

Encore un coup, je fais votre bonheur,
Et vous m'épouſerez, quand une honnête-Femme
A bien voulu lâcher ce mot,
Quoiqu'il arrive, elle trouve ſon ſot.

LES FESTES PARISIENNES,

M. GERONTE.

Vous me prenez déjà pour votre Epoux.

Madame DE PRÉSEC.

Sans doute,
Iriez-vous démentir le plus heureux destin ?

M. GERONTE.

Dans tout céci je ne vois goute,
D'Ornal aime Julie, & dès ce soir enfin...

Madame de PRÉSEC.

Oh ! vous m'épouserez, Monsieur, malgré vous-
même.

M. GERONTE.

Qui moi, Madame, y pensez-vous ?
Encore un coup votre erreur est extrême,
Rien ne sympatise entre-nous.

Madame DE PRÉSEC.

Mais à quoi sert la sympathie,
Est-ce donc pour s'aimer, Monsieur, qu'on se marie;
De ce siécle heureux tous les événemens

COMÉDIE.

On commencé le bonheur de ma vie,
Et c'eſt pour le remplir qu'aujourd'hui je vous prens,
Je vins au monde à l'inſtant que la France
Du Roi que nous aimons célébroit la naiſſance,
A mon premier mari l'on unit mon deſtin,
A l'heure que naquit notre Auguſte Dauphin,
Je perdis cet Epoux, j'en ai bonne mémoire,
En Mai quarante-cinq, le jour qu'à Fontenoi
    On vit la valeur & la gloire.
D'un laurier immortel couronner notre Roi,
    Aux champs de la victoire;
Je me remariai dans le même moment,
Que pour combler vos vœux vint le Duc de Bour-
    gogne,
Cet Epoux vécut peu, c'étoit un important
Joueur & cetera, mais ſurtout grand yvrogne;
    Graces au Ciel je perdis ce mari,
    Le même jour que le Duc de Berri
    Vint des François augmenter l'eſpérance,
Un nouveau Prince à nos vœux eſt donné,
    Tirez, Monſieur, la conſéquence,
Et voyez que par-là vous m'êtes deſtiné?

GERONTE.

Mais avec moi vous ſeriez très à plaindre,

Madame DE PRÉSEC.

Votre précaution ne m'épouvante pas,
De l'humeur d'un mari, Monfieur, qu'a-t-on à craindre,
Quand on a de l'efprit, & furtout des appas?

M. GERONTE.

Ah! Monfieur de la Chine, approchez, je vous prie.

SCENE VIII.

Madame DE PRÉSEC, M. GERONTE, M. DE LA CHINE.

M. DE LA CHINE.

Tout est fini, Monsieur, au gré de vos desirs;
Vous verrez dans l'instant ce que peut le génie,
Quand d'un état heureux, il dépeint les plaisirs.

Madame DE PRÉSEC.

Vient-il pour notre hymen, composer une Fête?

M. GERONTE.

Madame encore un coup, laissons-là ce projet;
J'ignore, en vérité, ce que Monsieur apprête,
Mais je prétens en bon Sujet
Qu'à l'instant tout Paris dans ma maison abonde;
Les Danses & les Ris, en cet aimable jour,
Doivent nous annoncer les délices du monde;

B iiij

32 LES FESTES PARISIENNES,

Quand de nos Rois nous célébrons l'amour,
Notre cœur nous devance, & l'honneur nous seconde.

M. DE LA CHINE.

Que tout varie en ce riant séjour?

COMÉDIE.

SCENE IX. ET DERNIERE.
TOUS LES ACTEURS.

Le Théâtre change, il repréfente une Place publique entourée de Colonnades illuminées par des lampions, au milieu de la Place on voit une Statuë pédeftre de LOUIS XV. *au bas de laquelle on lit en Lettres d'Or cette Infcription, auffi fimple qu'elle eft vraie.*

LA PLUS FIDELLE DES NATIONS AU MEILLEUR DES ROIS.

Aux quatre coins de la Statuë, on voit quatre Figures en petit, repréfentant les Génies Tutélaires de la France, ils tiennent chacun un cartouche en forme de médailles, le premier repréfente le Bufte de la REINE, *le fecond ceux de Monfeigneur* LE DAU-

PHIN & Madame LA DAUPHINE, le troisième ceux des DUCS DE BOURGOGNE, DE BERRI & DU COMTE DE PROVENCE, le quatrième ceux de Madame ADELAIDE & de MESDAMES de FRANCE.

Tous les Acteurs, une troupe de Peuples & de Danseurs, Julie & Dornal déguisés en Paysans Provençaux.

M. GERONTE.

Quel coup d'œil enchanteur, & quel brillant spectacle ?

M. DE LA CHINE.

Voyez dans ce dessein le prix du sentiment,
Pour peindre la bonté, notre ame est notre oracle.
Et ce tableau charmant
Est l'ouvrage du cœur, bien plus que du talent.

Madame DE PRÉSEC.

Rien n'est plus beau, mais où donc est Julie ?
Et mon Neveu ?

COMÉDIE.

M. GERONTE.

Partout je les cherche des yeux

JULIE.

Dans ce beau jour, rien n'est folie,
Sous ce déguisement, connoissez-nous tous deux.

M. GERONTE, *avec surprise*.

En Provençaux, rien n'est plus merveilleux.

JULIE.

La joie aisée est toujours la meilleure.

TOINETTE.

J'allons le prouver tout-à-l'heure, affreux.

M. GERONTE.

Allons, mes chers enfans, que l'amour vous enchaîne.

LUCAS.

Mais moi, qui par hazard ne suis pas un nigaut,
Et qui pour avaler, en vaut une douzaine,
Pour ne pas à part nous, nous donner en défaut;

J'allons regagner la Fontaine,
Et je boirons tout bas, quand vous chantrez tout haut.

M. GERONTE.

Ce jour est fait pour combler tous nos vœux ;
En vous liant sous de si doux auspices ;
C'est pour jamais vous rendre heureux.

DORNAL.

Du sort je ne crains plus les injustes caprices.

Madame DE PRÉSEÇ.

Monsieur Geronte, allons, remplissez mes projets.

M. GERONTE.

Oh je vais vous prouver que je suis bon François ;
Puisqu'avec vous j'unis ma destinée,

Madame DE PRÉSEC.

Je ne vous prens, mon cher, que par arrangement ;
Et dans moins d'une année ;
J'attens pour mon repos un autre événement ;
Mais fêtons celui-ci, que les Jeux & la Danse
Célébrent à l'envi le Comte de Provence.

COMÉDIE.
LUCAS.

Air : *Le tout par nature.*

Loin des soins & du chagrin
Applaudissons au destin,
Qui de notre bon Dauphin
  Vient remplir l'espérance,
Chantons & dansons sans fin
  Et le tout pour la France.

UNE CHANTEUSE.

Air : *Par ma foi l'eau me vient à la bouche.*

Dans ce beau jour de réjouissance
Chacun doit chanter une Chanson
Pour fêter cette auguste naissance,
Nous n'avons pas besoin d'Apollon,
Exprimer ce que notre cœur pense,
C'est célébrer le sang de Bourbon ;
Dans ce beau jour de réjouissance,
Chacun doit chanter une Chanson.

Un nouveau Prince embellit la France,
Ne pensons tous qu'à nous réjouir,

De son pere il a la ressemblance,
Pour nos neveux quel doux avenir ?
Tous les Bourbons sont pleins de clémence,
Les servir, c'est avoir du Plaisir,
Un nouveau Prince embellit la France ;
Ne pensons tous qu'à nous réjouir.

UN CHANTEUR. (*M. Rochard.*)

ARIETTE. *Du Dieu des Chœurs.*

De notre Roi
On adore l'Empire,
La douceur de sa loi
Enchaîne tout ce qui respire.
Ainsi que sur le cœur
Il regne sur la terre,
Il fait toujours vainqueur
Eclater son tonnere.

TOINETTE, *en regardant la Statuë du Roi.*

Que notre Roi nous rend heureux ;
Tout aussitôt qu'on l'envisage,
Le cœur satisfait & joyeux
Voudroit embrasser son Image ;

COMÉDIE.

Notre bonheur est dans ses yeux,
Et nos plaisirs sont son ouvrage.

JULIE.

Air : *Dans ces hameaux la paix &
l'innocence.*

Dans ces beaux jours que le plaisir couronne,
Louons le Ciel propice à notre ardeur;
Le Prince heureux que le Destin nous donne,
De nos plaisirs fera tout son bonheur :
Chantons cent fois notre Dauphine auguste;
Que tous les ans, favorable à nos vœux,
Un Petit-fils de *Louis* & d'*Auguste* *
Puisse assurer un Maître à nos neveux.
On danse.

* Le Roi de Pologne, Electeur de Saxe.

VAUDEVILLE.

TOINETTE.

Puiſſions-nous encor dans cent ans,
Pour nos Princes faire bombance ?
Ils avont de ſi bons enfans,
Qu'ils font toute notre eſperance.
Toujours joyeux, toujours contens,
Chantons, danſons à l'honneur de la France.

LUCAS.

De Paris tous les habitans
Dans ce jour de réjouiſſance,
N'écoutant que leurs ſentimens,
Exprimont leur reconnoiſſance,
Toujours, &c.

JULIE.

Pour peindre nos tranſports ardens,
Nous n'employons pas l'éloquence,
Le cœur vaut mieux que les talens
Dans cette heureuſe circonſtance,
Toujours, &c.

COMÉDIE.

TOINETTE.

Il est un âge où sur les sens
L'amour fait queuque manigance;
Mais sur nos cœurs dans tous les tems,
Nos Maîtres ont la parference,
Toujours, &c.

JULIE, *au Parterre.*

Messieurs, si cet anusement
A pû remplir votre espérance,
Annoncez d'un ton bienfaisant
Ce que pour nous votre cœur pense;
Le Public est toujours content,
Quand on écrit à l'honneur de la France.

Le divertissement se termine par une Contredanse générale.

FIN.

APPROBATION.

J'Ai lû par ordre de Monseigneur le Chancelier, une Comédie qui a pour Titre : *les Fêtes Parisiennes &c.* faisant partie du choix des Piéces choisies du Théatre Italien, & je n'y ai rien trouvé qui puisse en empêcher l'Impression. A Paris, ce 15 Décembre 1755. CRE'BILLON.

CATALOGUE

Des Piéces de Théâtre & Musique qui se vendent aussi chez le même Libraire.

Sçavoir.

L'Amusement des Dames, ou Recueil des Menuets, Contre-Danses, Vaudevilles, Rondes de Table, Airs à boîte, Duo avec accompagnemens, 10 parties finies, un vol. *in-8*. 12 l.

La Toilette de Vénus dressée par l'Amour, contenant des Menuets, Contre-Danses, Vaudevilles, Airs nouveaux & choisis, 10 parties finies, un vol. *in-8*. 12 l.

Le passe-tems agréable & divertissant. *Ce Recueil est composé de* Vaudevilles, Rondes de Table, Duo, Brunettes & autres, 10 parties finies, 1 vol. *in-8*. 12 l.

Les Desserts des petits soupers de Madame de ***, 10 parties finies, 1 vol. *in-8*. 12 l.

Le Thémiréides, ou recueil d'Airs à Thémire, par M. l'Abbé de Lattaignant, *in-8*. 5 parties. 3 l. 12 s.

Amusemens champêtres, ou les avantures de Cythére, Chansons nouvelles à danser, 1 partie. 1 l. 4 s.

Recueil des Menuets, Contre-Danses & Vaudevilles chantées aux Comédies Françoises & Italiennes, 13 parties. 15 l. 14 s.

Recueils d'Airs & Menuets, Contre-Danses, Parodies chantées sur les Théâtres de l'Académie Royale de Musique, & de l'Opéra-Comique, 14 part. 17 l. 16 s.

Menuets nouveaux en Concerto, Contre-Danses, 4 parties. 4 l. 16 s.

Choix de différens morceaux de Musique, 2 parties. 2 l. 8 f.
Les Loix de l'Amour, ou Recueil de différens Airs, parties. 3 l. 12 f.
 Cela forme 8 volumes, qui se vendent douze liv. le volume, & le cahier vingt-quatre sols piéce, le tout se vend séparément.

L'Année Musicale, ouvrage périodique, mêlé des plus jolis Airs, commencé le 4 Août 1755. Il en paroît une feuille toutes les semaines qui se vend 6 f. On peut s'abonner moyennant 15 l. par an pour Paris, & 18 l. pour la campagne, le Libraire les fait tenir à leur adresse.

NOUVELLES PIECES DE THEATRE
détachées, depuis 1747 jusqu'à ce jour.

   Par M. de Boissy. Piéces in-8.

Le Retour de la Paix, Comédie.
Le Prix du Silence, Comédie.
La Frivolité, Comédie.
   De différents Auteurs.
Mahomet, Tragédie de M. de Voltaire.
L'Amante ingénieuse, Comédie.
l'Héritier généreux, Comédie.
Le Philosophe dupe de l'Amour.
Les Veuves, Comédie.

L'Eunuque, Comédie.
Agathe, ou la chaste Princesse, Comédie.
Sirop-au-cul, Tragédie.
Le Pot-de-chambre cassé, Tragédie pour rire, &c.
Madame Angueule, Parade.

Les deux Biscuits, Tragédie.
Le Magnifique, Comédie.
La double Extravagance, Comédie.
Le Tribunal de l'Amour, Comédie.
Benjamin, ou la reconnoissance de Joseph, Tragédie.
Alexandre Tyran.
Les Hommes, Comédie-Ballet.

Le Miroir, Comédie.
Le Bacha de Smirne, Comédie.
Les parfaits Amans, Comédie.
La mort de Bucephale.
L'Année Merveilleuse, Comédie.
Alceste, Divertissement.
Les Femmes, Comédie-Ballet.

Brioche, Parodie.
L'Amant déguisé, Parodie.
Le Prix des Talens, Parodie.
Les Jumeaux, Parodie.

Par M. Piron, Piéces in-12.

L'Ecole des Peres, Comédie.
Calisthène, Tragédie.
Les Courses de Tempé, Pastorale.
Gustave, Tragédie.
La Métromanie, Comédie.
Fernand Cortez.

De M. de V....

Les Mariages assortis, Comédie.
La Coquette fixée, Comédie.
Le Réveil de Thalie, Comédie.

L'Ecole du Monde, Comédie.
Le Retour de l'Ombre de Moliere, Comédie.

De différens Auteurs.

Le Marchand de Londres, Tragédie Bourgeoife.
Momus Philofophe, Comédie.
Electre d'Eurypide, Tragédie.
Abaillard & Héloïfe, Piéce Dramatique.
L'Orphelin, Tragédie Chnoife, traduite avec un Effai fur le Théâtre Chinois.
Les Souhaits, Comédie.
Vanda, Reine de Pologne, Tragédie.
Le Plaifir, Comédie avec un Divertiffement.
La Colonie, Comédie.
Califte, ou la belle Pénitente, Tragédie.
Cénie, Piéce Dramatique en 5 Actes.
Le Valet Maître, Comédie.
Varon, Tragédie.
La Métempficofe, Comédie.
Les Engagemens indifcrets, Comédie.
Les Adieux du Goût, Comédie.
Les Tuteurs, Comédie.
Mérope, Tragédie.
La Folie & l'Amour.

La Partie de Campagne, Comédie.
La Gageure, Comédie.
Les Petits-Maîtres, Comédie.
La fauffe Prévention, Comédie.
Le Provincial à Paris.
La Feinte fuppofée, Comédie.
La fauffe Inconftance, Comédie.
Le Retour du Goût, Comédie.

Les Lacédémoniennes, Comédie.
Le Prix de la Beauté.

La Campagne, Comédie.
L'Epouse Suivante, Comédie.
Les Fêtes Parisiennes, Comédie.

Ouvrages de M. VADÉ.

La Pipe cassée, Poëme.
Les quatres Bouquets poissards.
Lettres de la Grenouillere.

Opéra-Comique du même Auteur.

La Fileuse, Parodie.
Le Poirier.
Le Bouquet du ROI.
Le Suffisant.
Les Troqueurs & le Rien, Parodie.
Airs choisis des Troqueurs.
Le Recueil de Chansons avec la Musique.
Le Trompeur trompé.
Il étoit tems, Parodie.
La nouvelle Bastienne.
La Fontaine de Jouvence & la Musique.
Les Troyennes de Champagne.
Jerôme & Fanchonnette, Parodie.
Trois Complimens de Clôture de l'Opéra-Comique.
Le Confident heureux, Opéra-Comique.
Folette ou l'Enfant gâté, Parodie.

Opéra-Comique de M. FAVART & autres.

L'Amour au Village.
Les jeunes Mariés.
Les Nymphes de Diane, avec la Musique.

La Magie inutile.
L'heureux Accord.
L'heureux événement.

Le Retour favorable.
La Rose ou l'Hymen.
Le Miroir Magique.

Le Rossignol.
Le Monde renversé.
Le Calendrier des Vieillards.
La Coupe enchantée.
Les Filles.
Le Plaisir & l'Innocence.
Les Boulevarts.
L'Ecole des Tuteurs.
Zéphire & Flore.
Bertholde à la Ville.
La Péruvienne.
Le Chinois poli en France.
Les Fra-Maçonnes.
L'Impromptu des Harangéres.
La Bohémienne, Parodie, avec la Musique.

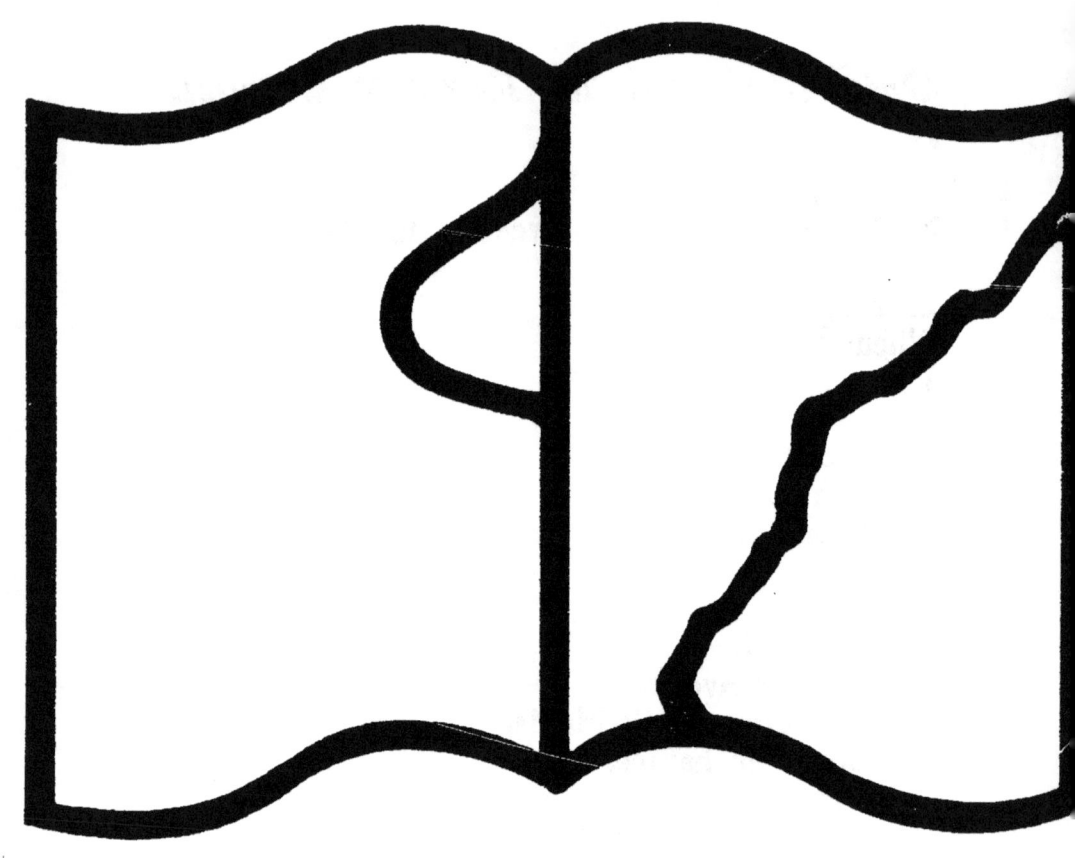

Texte détérioré — reliure défectueuse

NF Z 43-120-11

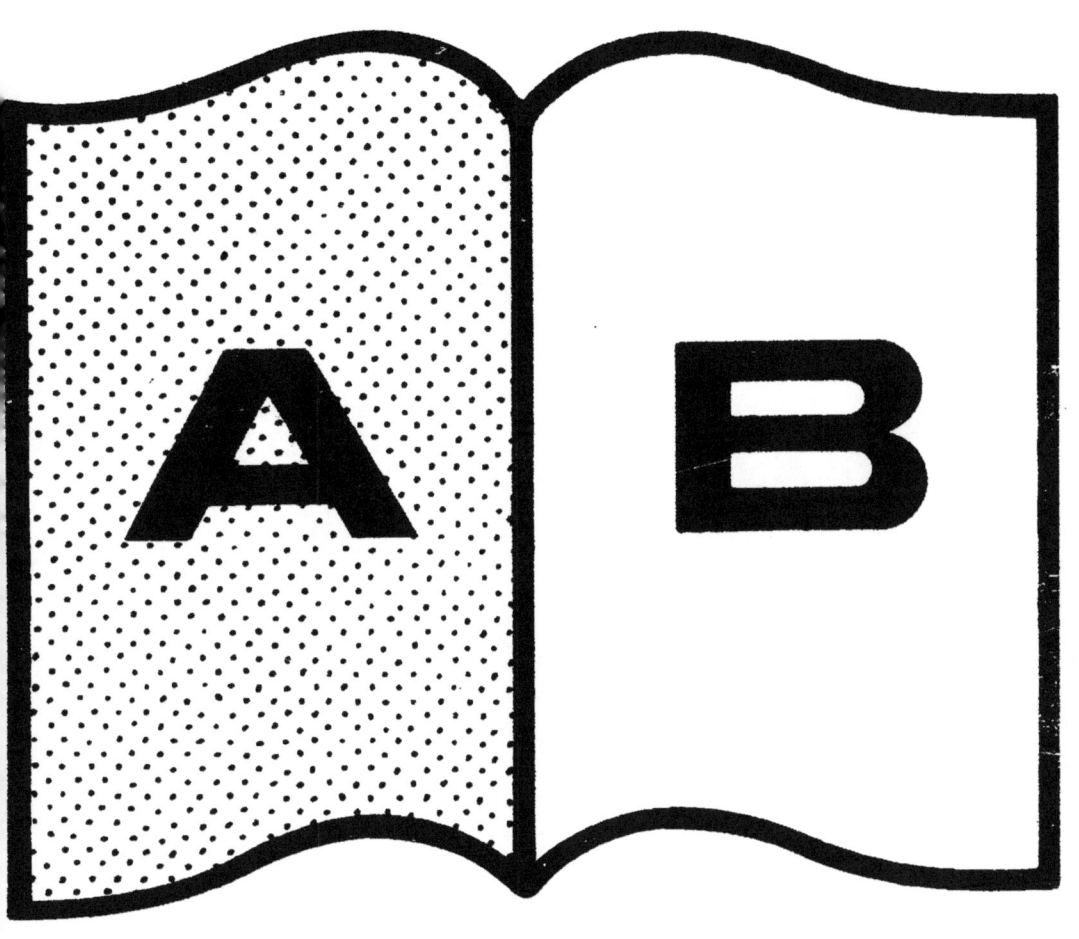

Contraste insuffisant

NF Z 43-120-14

www.ingramcontent.com/pod-product-compliance
Lightning Source LLC
Chambersburg PA
CBHW070704050426
42451CB00008B/483